中国文化
知识读本

ZHONGGUO WENHUA ZHISHI DUBEN

金开诚◎主编

王忠强◎编著

吉林出版集团有限责任公司
吉林文史出版社

山海关

图书在版编目（CIP）数据

山海关 / 王忠强编著 .—长春：吉林出版集团有
限责任公司：吉林文史出版社，2009.12（2022.1重印）
（中国文化知识读本）
ISBN 978-7-5463-1283-5

Ⅰ.①山… Ⅱ.①王… Ⅲ.①长城－关隘－简介－秦
皇岛市 Ⅳ.① K928.77

中国版本图书馆 CIP 数据核字（2009）第 223039 号

山海关

SHAN HAI GUAN

主编/ 金开诚 编著/王忠强

项目负责/崔博华　责任编辑/曹恒　崔博华

责任校对/王新 装帧设计/曹恒

出版发行/吉林文史出版社　吉林出版集团有限责任公司

地址/长春市人民大街4646号　**邮编**/130021

电话/0431-86037503　**传真**/0431-86037589

印刷/三河市金兆印刷装订有限公司

版次/2009 年 12 月第 1 版　2022 年 1 月第 7 次印刷

开本/650mm×960mm　1/16

印张/8　**字数**/30千

书号/ISBN 978-7-5463-1283-5

定价/34.80元

关于《中国文化知识读本》

文化是一种社会现象，是人类物质文明和精神文明有机融合的产物；同时又是一种历史现象，是社会的历史沉积。当今世界，随着经济全球化进程的加快，人们也越来越重视本民族的文化。我们只有加强对本民族文化的继承和创新，才能更好地弘扬民族精神，增强民族凝聚力。历史经验告诉我们，任何一个民族要想屹立于世界民族之林，必须具有自尊、自信、自强的民族意识。文化是维系一个民族生存和发展的强大动力。一个民族的存在依赖文化，文化的解体就是一个民族的消亡。

随着我国综合国力的日益强大，广大民众对重塑民族自尊心和自豪感的愿望日益迫切。作为民族大家庭中的一员，将源远流长、博大精深的中国文化继承并传播给广大群众，特别是青年一代，是我们出版人义不容辞的责任。

《中国文化知识读本》是由吉林出版集团有限责任公司和吉林文史出版社组织国内知名专家学者编写的一套旨在传播中华五千年优秀传统文化，提高全民文化修养的大型知识读本。该书在深入挖掘和整理中华优秀传统文化成果的同时，结合社会发展，注入了时代精神。书中优美生动的文字、简明通俗的语言、图文并茂的形式，把中国文化中的物态文化、制度文化、行为文化、精神文化等知识要点全面展示给读者。点点滴滴的文化知识仿佛颗颗繁星，组成了灿烂辉煌的中国文化的天穹。

希望本书能为弘扬中华五千年优秀传统文化、增强各民族团结、构建社会主义和谐社会尽一份绵薄之力，也坚信我们的中华民族一定能够早日实现伟大复兴！

【目录】

一 山海关概况

"两京锁钥无双地，万里长城第一关。"山海关是燕山脚下、渤海之滨的长城上镶嵌着的一颗璀璨的明珠，它位于秦皇岛市区东部十五公里处，建于明洪武年间（1381年），是万里长城的最东端，是一座防御体系完整的城关，历史上曾是重要的军事要塞。山海关素有"天下第一关"之称，与万里之外的"天下第一雄关"——嘉峪关遥相呼应，闻名天下，是中国名胜古迹荟萃、风光旖旎、气候宜人的历史文化古城和旅游避暑胜地。

（一）山海关介绍

山海关地处河北省东北隅，辽西走廊的西端，秦皇岛市东北部。东部与辽宁省

山海关老龙头

山海关

接壤，北依燕山，南襟渤海，西以万里长城为界，为东北和华北的交通要塞。《临榆县志》载："明洪武十四年，魏国公徐达建关设卫，屯兵五千，去旧榆关六十里，因山海而为关，谓之山海关。"山海关是历史悠久、名胜荟萃、风光旖旎、气候宜人的历史文化古城和文物旅游胜地。"平沙古堠孤烟色，落日危楼暮角声"衬托了"山海关，关山海"的威势和险固，老龙头昂首甩出的燕脉长城像一组排箫，百代和平的天籁之声一去万里。历经沧桑岁月洗礼的山海关，凝重而神奇。城墙上的每一块砖、每一片瓦都似乎在向人们诉说着无尽的往事。她的历史蜿蜒曲折，每一段

山海关铜炮

岁月都见证着日出日落的沧海桑田，每一段曾经的辉煌与艰辛都与历史的脉搏共同律动。目前，山海关已获得"国家级历史文化名城""中国旅游胜地40佳""全国文明风景旅游区示范点""首批国家4A级景区""国家级森林公园""国家级地质公园""全国万里边疆文化长廊""全国教育先进区""全国大樱桃之乡"等称号。1961年，万里长城—山海关被中华人民共和国国务院公布为第一批全国重点文物保护单位之一。而有了1700年历史的关公的青龙偃月刀，现存放在山海关城楼上，刀锋向东，成为镇关之宝。

残垣上独木成林

（二）山海关地理环境

山海关位于华北与东北的交界处，北倚群峦叠翠的燕山，南襟烟波浩渺的渤海。远古时期这里属幽州碣石，是中原与东北少数民族政治、经济交往的交通要道。到了中古时期，又成为兵家争夺的战略要地。两汉时期，设置临榆县。1381年，明太祖朱元璋下令在此筑城建关，始称山海关，

山海关牌坊

成为扼东北、华北咽喉要塞的军事重镇。山海关建关设卫以来，商贾往来频繁，经济贸易活跃，对于发展民族之间的友好往来，促进经济文化交流、保卫首都、巩固明王朝的统治起到了重要作用。从规模上、布局上、结构上来说，山海关都是中国古代建筑史上所罕见的，它也是万里长城的精华所在，是中国古代城市建设宝库中不可多得的一部杰作。山海关是中国古代建筑珍品，是祖国宝贵的历史遗存。

（三）气候条件

山海关属温带半湿润大陆性季风气候，夏季受太平洋负高压影响，且濒临海

景色如画的北戴河

洋，故温和湿润。冬季受蒙古冷空气高压控制，干燥寒冷。本区冬季较长，春夏秋较短。夏无酷暑，冬无严寒，四季分明，气候宜人，最热七月份平均气温 24.6 摄氏度，最冷月份一月平均气温零下 6.1 摄氏度，全年平均气温 10.1 摄氏度；无台风、无梅雨，年平均降水量 668.1 毫米，全年无霜期在 180 天以上，多年平均日照时数为 2715 小时。全区夏季为西南风，冬季为东北风。本区标准冻土深度为 0.85 米。

游北戴河，最佳季节为 5—10 月，游秦皇岛其他景区，为 6—8 月。观鸟专项游的最佳时段是春、秋候鸟迁移季节。

（四）交通情况

碣石山

山海关素称京津门户，是联系我国东北、华北的重要枢纽。海港港阔水深，是天然的不冻良港。铁路交通便利，京沈、津秦两条公路干线穿越市区，山海关还有空运机场，可直达北京、石家庄、上海、广州等地。便捷的海、陆、空交通网为旅游事业的发展提供了可靠的保证。每年有数百万人来到避暑胜地北戴河、山海关以及碣石山、背牛顶、黄金海岸等旅游区游览。另外这里腹地广阔，农林牧副渔五业兴旺。山海关交通运输条件十分优越。京沈高速公路、102 国道和 205 国道，京山、沈山铁路均在此交汇；山海关火车站是特等站，位于京沈铁路、京沈高速铁路客运专线中段；城西南面有军、民两用机场，可起降大中型客机，可通往上海、广州、哈尔滨、西安等十五个城市，并准备增开国内其他航线和国际航线；西距秦皇岛港十五公里；海陆空交通便利。

山海关古称榆关，也作渝关

（五）山海关关卡类型的演变

山海关在明代主要是军事要塞、稽查关卡，而非税关。"关法稽文、验年貌出入，禁辽卒甫逃并商贾非法者。"嘉靖初年镇守太监李能曾在山海关设立抽分，每季抽银九百余两，但很快导致"商贾之行大减于往日"，"货物之价大踊于前时"，嘉靖八年（1529 年）山海关主事邬阅奏请裁革，奉旨："山海关并广宁等处抽分原非旧例，委的商人重困，边民受害都革了。敢有仍前巧为添设，侵夺民利者，各该抚按官指名来说。"

清代，山海关仍为稽查出入人等的关口。特别是乾隆以降清政府禁止关内人口移民东北，只允许商人往来贸易，凡出入

山海关者必须持有原籍或贸易地给发的印票，验票放行。另一方面，随着东北地区与关内商品流通的增多，山海关开始成为税关。康熙三十三年（1694年）"设立山海关，差官管理"，征收关税。最初定额两万五千两，康熙四十六年加增三千二百两，康熙五十四年再增三千两，康熙五十九年又增一千两，到康熙末年关税定额为三万二千二百两。

康熙四十六年起，在辽东半岛沿海的牛庄、熊岳、复州、金州等处海口设立分税口，对海船所载商货征税，统归山海关管辖，税收才开始充裕起来。乾隆以后，随着东北地区的开发和沿海贸易的发展，山海关所辖税口及关税定额不断增加，其较大的变化有三次：

其一，乾隆三十三年（1768年）在岫岩厅所属鲍家码头、尖山子、沙河子、英纳河、青堆子、大孤山、红旗沟等七处海口设立税局，征收税银。岫岩厅所属这七处海口均位于辽东半岛的东侧，濒临黄海，清初因往来船只较少并未设税。乾隆以降南方商船来东北贸易日益频繁，这几处海口因位于渤海湾入口处，加之不需纳税，"商船希图便利，往来渐多"。乾隆三十二年，兵部侍郎期成额等奏请在鲍家码头等海口设局征税，

山海关与辽东半岛隔海相望

北倚燕山，南连渤海，故得名山海关

经盛京将军新柱等核查复议，上奏称："奉天所属各界海口，凡系向来商船聚集之所，无论远近俱归山海关监督管理，设立税局，派人驻征收兼资稽查。"鲍家码头等处海口，"向因商船出入稀少，未经设立税局，今各商船希图便利，往来渐多，且俱带有货物，自应设局征税"。经查，"岫岩城所属鲍家码头、尖山子、沙河子、英纳河、青堆子五处海口"，以及"续经查出岫岩城所属尚有大孤山、红旗沟二处海口均有商船出入停泊，应请一例俱归山海关监督管理，分别设局，凡有往来商船随带货物，照例按则收税"。此项奏报于十月获得批准，户部行文山海关：鲍家码头等七处海口"商船所带货物""一归山海关监督设局收税";"其余附近各小口或有商船出入货物亦令现设各局一并稽查"。这七处海口自乾隆三十三年春设立税局，试收两年后定额为一千三百零九两一钱四分一厘。

其二，乾隆三十八年（1773年）开征黄豆豆饼税银，同时放开对大豆输出的数量限制。大豆，是南方各省从北方输入的大宗商品之一。清初政府对东北地区粮食和大豆的输出控制得很严，江浙等省所需大豆主要从山东输入。乾隆以降随着东北地区的开发，大豆产量增加，违禁输出已成为经常之事。乾隆十四年经盛京将军阿兰泰奏准：凡商船来奉天

大豆种植

山海关城楼之一隆海楼

山海关
014

贸易，返回之时"大船准带黄豆二百石，小船准带一百石；倘有额外多带，分别治罪"。乾隆三十年，山海关监督金简奏请放开对奉天黄豆输出的数量限制，准许各处所到海船"任其装载豆石，一律输税"。这一建议在交户部复议时受到盛京将军社图肯等人的反对，他们认为奉天所产豆石与"旗民食用攸关"，如果放开限制，听任商贩搬运，恐"各处海船纷纷买运，粮价势必渐昂"。结果，仍维持乾隆十四年阿兰泰奏定之旧例：大船准带黄豆二百石，小船准带一百石。开征豆税一事暂时被搁置起来。乾隆三十七年开征豆税一事再度提上议事日程，并最终获得了批准。这次是由盛京将军恒禄提出的建议："海船到奉，任商贩运，毋庸限以成数，照芝麻等例一体输税。"户部复议："酌照临清关豆料科则，每石征收税银一分一厘。"并拟定试收两年再定税额。经乾隆三十八、三十九两年试收，共征收税银一万八千九百一十六两，每年九千余两。不过，新任盛京将军弘晌等人担心奉省黄豆价格原本较低，每石征税又仅只一分一厘，"将来各省商船自必广为贩运，旗民人等又因易于售卖，致将膏腴地亩多种黄豆"，将会影响粟、麦等粮食作物

明末女将军秦良玉、武举吴三桂镇守过山海关

的种植，遂决定提高税率，"于原定科则一分一厘之外，增银一分一厘，每石征收税银二分二厘"。《山海关商税则例》记载了这一变化过程："黄豆、豆饼二项，该关向不征税。乾隆三十七年据盛京将军恒禄、该关监督平泰先后奏咨，经户部奏准，酌照临清关例黄豆每石、豆饼每一百五十斤各收税一分一厘。续于四十年将军弘晌等奏准，改为二分二厘。"于是，从乾隆四十年开始每石征银二分二厘，试收三年"以定税额"。在试收的三年中所征税银"逐年递增"，到三年期满又延长试收期，实际上共试收了五年：乾隆四十年征收黄豆、豆饼

明代城墙建筑基本完好

税银一万八千八百二十五两，四十一年征银二万三千零五十二两，四十二年征银二万六千八百八十一两，四十三年征银二万七千零二十九两，最后一年从乾隆四十四年正月二十八日起至四十五年正月二十七日止，共征收黄豆、豆饼税银二万八千一百三十三两二钱三分八厘，最终将这一数额定为山海关黄豆、豆饼税的正额。

其三，嘉庆四年（1799年）定山海关盈余银为每年四万九千四百八十七两。各关盈余清初本无定额，乾隆初年定制以雍正十三年之盈余数为定额。其后，随着商品流通规模的扩大，各关盈余银两远远超过雍正十三年的数额。乾隆中叶，清王

古城内主要街道和小巷，大都保留原样

朝更定各关监督考成方法，将本届征收税银与前三届数额相比较，如有不符，责成经征人员赔补。到乾隆末年，由于全国经济布局和流通布局的变化，各关税收增减变化较大。沿江、沿海各关税额多有较大增长，而运河沿线的部分税关则出现连年征不足额的现象。因而，清政府于嘉庆四年对各关定额进行了调整，按照实际征收的多寡，重新确定各关盈余银的定额。

山海关始建于明洪武十四年（1381

山海关是著名历史文化古城和旅游避暑胜地

二 悠久历史

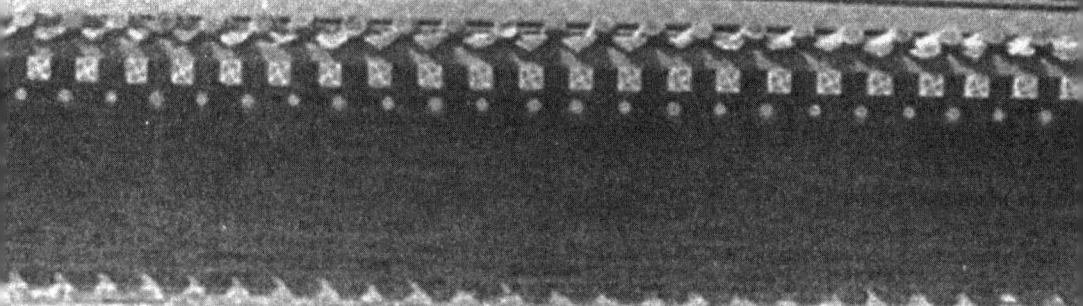

年），历经洪武、成化、嘉靖、万历、天启、崇祯六朝修筑，耗用了大量的资金，调动了数以万计的军民，前后用了二百六十三年的时间，占地约230公顷。

山海关历史悠久，是古代军事要塞，早在新石器时期，我们的祖先就已经在这里劳动生息了。山海关北靠燕山，南临渤海，扼守华北与东北之间狭长的陆路交通要道，地势险要，自古以来就是兵家必争之地。商朝时，属孤竹；周朝时，属燕地；秦、汉时，属辽西郡。北齐和隋唐时都在这一带修建过城关，今日在抚宁石门寨，仍可看见北齐长城遗址。隋文帝时，设置榆关，元朝时称迁民镇。

山海关古称榆关，也作渝关，又名临闾关，明朝洪武十四年（1381年），中山王徐达奉命修永平、界岭等关，在此创建山海关，因其北倚燕山，南连渤海，故得名山海关。

据史料记载，山海关自1381年建关设卫，至今已有六百多年的历史，自古即为我国的军事重镇。

山海关是万里长城东头的一座雄关。它南边靠着海，北边挨着山，南北十六里，海、山、关，膀挨膀，肩靠肩。关城有两翼，南翼城、北翼城；还有东罗城、西罗城、

北齐天城遗址

这是一座防御体系比较完整的城关

山海关城楼

宁海城、威远城。城上有牧营、临闾、奎光、澄海等敌楼，还有许多箭楼。古人说它"好像金凤展翅，恰似虎踞龙盘"。

清朝时，山海关为临榆县城，因位于北京与盛京（沈阳）之间，而有"两京锁钥"之称。清末和民国时期，关城周围又成为战场，八国联军战争和九一八事变后的长城抗战都在这里率先爆发。山海关在中国历史上具有重要的影响，"关内""关外""闯关东""关东军"等称谓，均针对山海关而言。

三 关内特色

（一）建筑规格

山海关是名冠古今的名胜之地，它以长城为主体，以古城为核心，在南起老龙头、北止九门口，全长二十六公里的长城线上，分布有一百二十九座城堡、关隘、敌台、城台、烽火台和墩台，构成了一个完整的长城防御体系。

山海关的城防建筑充分利用自然空间，使建筑群体布局与环境取得和谐统一，形成了一个有机的风景综合体。山海关的古城布局充分注意了它的军事防御功能，独特的七城连环局势独树一帜。碧波浩瀚的大海，幽深静谧的角山、长寿山，秀美多姿的燕塞湖，组成了古城

山海关九门口长城点将台

重塞恢廓无垠的背景和依托；湖光山色、海涛雄关，构成了山海关名城特有的城市景观和旅游胜地的独特风貌。山海关的整体布局是由七座城堡、十大关隘和长城上的三十座敌楼、六十二座城台、十八座烽火台、十六座墩台等组成的古代城防建筑群。结构严谨、功能齐全，构成"主体两翼，左辅右弼，二城为哨，一线逶迤，互为掎角之势"的格局，是中国建筑史上罕见的奇作，是我国古代军事科学的结晶，具有重要的军事科学、筑城技术研究的价值。特别是呈大鹏展翅的古城，占地 1.5 平方公里，建筑雄伟粗犷，气势磅礴，是万里长城最精粹

山海关建筑宏伟雄浑

静静地躺在城楼上的铜炮

老龙头清兵使用的装备

天下第一关城楼

的地段。关城平面呈方形，周长四公里，高十四公尺，厚七公尺。有城门四座，东门最为壮观，名镇东，内悬"天下第一关"匾额，西门名迎恩，南门名望洋，北门名威远，各门上都筑城楼，城中心建钟鼓楼，城外有护城河。在东西城门之外，还各建一个小城圈，俗称罗城或瓮城。

关城东门的城台，呈长方形，高十二公尺，南北连接长城。中部有巨大的砖砌拱门，沟通关城内外，有关门可以开闭。城台上建有一座二层箭楼，四周飞檐上，饰以神态各异的神兽。重檐九脊布瓦顶，高十三公尺，宽二十公尺，深十一公尺。东、

山海关城池与长城相连

南、北三面开箭窗六十八个，平时以木制朱红窗板掩盖，板上有白环，中有黑色靶心，与彩绘桁枋相配合。登上城台远眺，北望长城蜿蜒山间，南眺渤海波涛浩渺，正如古诗所说："曾闲山海古榆关，今日行经眼界宽。万顷洪涛观不尽，千寻绝壁渡应难。"它南北有翼城，东西有罗城。古城与长城交界处顶宽十五米，可"十人同行，五马并骑"。城墙土筑砖包，城四面都设有城门、城楼。作为城防体系核心的古城，城中建筑布局利用西北低、东北高的地形，突出了主体建筑"天下第一关"城楼。

山海关的城池，周长约四公里，是一

座小城，整个城池与长城相连，以城为关。城高十四米，厚七米。全城有四座主要城门，并有多种古代的防御建筑，是一座防御体系比较完整的城关，有"天下第一关"之称。以威武雄壮的"天下第一关"箭楼为主体，辅以靖边楼、临闾楼、牧营楼、威远堂、瓮城、东罗城、长城博物馆等长城建筑，向游客展示了中国古代城防建筑风格。关城平面呈方形，内用夯土填筑，外用青砖包砌。东墙的南北两侧与长城相连，墙上有奎光阁、牧营楼、威远堂、临闾楼等建筑。东、南、北三面墙外挖掘了深八米、宽十七米的护城河并架设吊桥。城中心筑有钟鼓楼。

靖边楼

老龙头是国内外著名的旅游区

山海关的四面均开辟城门，东、西、南、北分别称"镇东门""迎恩门""望洋门"和"成远门"。四门上原先都筑有高大的城楼，但目前仅存镇东门楼。东门面向关外，最为重要，由外至内设有卫城、罗城、瓮城和城门四道防护。城门为巨大的砖砌拱门，位于长方形城台的中部。在东面屋檐下还高悬一块巨大匾额，上书"天下第一关"五个大字，为明代进士萧显书写，每字高1.6米，字体苍劲浑厚，是山海关城的象征。

山海关是一座文化古城，明代城墙建筑基本完好，主要街道和小巷大都保留原样，特别是保存的一批四合院民居使得古城更加典雅古朴。最为古城增色的是关城

东门，天下第一关城楼，耸立长城之上，雄视四野。登上城楼二楼，可俯视山海关城全貌及关外的原野。北望，遥见角山长城的雄姿；南边的大海也朦胧可见。天下第一关城楼南北，还有靖边楼、牧营楼和临闾楼等建筑。漫步在万里长城之上，会使人感受到祖先的伟大，钦佩炎黄子孙的非凡智慧。

（二）文化内涵

1. "天下第一关"的由来

山海关是历史悠久的文化古城，是世界文化遗产——中国万里长城的形象代表之一。

"天下第一关"匾额，长5米多，高1.5米，为明代著名书法家萧显所书，字为楷书，笔力苍劲浑厚，与城楼风格浑然一体，堪称古今巨作。相传"下"字的那一点不是一起写上去的，而是书者将蘸满墨汁的笔抛向空中点上去的。而关于这个"天下第一关"的匾额还有一个动人的传说。相传，五百多年前，明成化皇帝亲自降旨，要在山海关城楼上挂一块题为"天下第一关"的大匾。当时镇守山海关的是一位兵部主事，他接到圣旨后，立即派人爬上箭楼，量好尺寸，请木匠做了一块长一丈八尺、宽五尺的巨匾。匾做好了，找谁来写呢？兵部主事和部下商量了一天一夜，终于想起一个人来。这人姓萧名显，两榜进士出身，当过福建按察司金事，书法好，近年因年老辞官，归家山海关赋闲。

威武雄壮的"天下第一关"箭楼为山海关主体

第二天，兵部主事亲自到萧家拜访，说明来意。萧显沉吟了半晌，才点头答应。不过他提出，写这种字，不能急，不能催，兵部主事只好答应下来。

转眼二十多天过去了，仍没有消息。兵部主事让手下人预备好了几匹绫罗绸缎、几枝大型湖笔，派一名亲信给萧显送去。时间不长，送礼人回来了，禀报说："萧老先生在偏院里练功，每天起早贪黑地在院里耍一根长扁担。"兵部主事不解，这耍扁担跟写字有何关系，不管他，已经等了这么多天了，那就再等等吧。

又过了二十多天，还是没动静。兵部主事又让手下人准备了一些上好的徽墨、宣纸，派亲信带着东西又去了萧家，送礼人回来禀报说："萧老先生正在屋子里吟诗，背诵着什么'飞流直下三千尺'呀，什么'疑是银河落九天'呀……什么'来如雷霆收震怒'啊，'罢如江海凝青光'呀。……"兵部主事问道："他见到礼物后怎么说？"亲信回答说："他说再过一个月就可以写了。"

兵部主事对这话不太理解，但总算有

雄关高耸

山海关
034

天开海岳，气势磅礴

了一个期限，那就继续等着吧，兵部主事万没想到，第二天他接到兵部一封急信，说是新任蓟辽总督要代皇帝来山海关视察挂匾事宜，预计三天内到达。这下可把兵部主事急坏了，立马让人抬着那块木匾和一坛子墨汁赶往萧家。

到了萧家，寒暄之后，就把兵部传来的急信之事向萧显述说了一遍，萧显也是官场上下来的人，自不怠慢，立即行动起来。只见他提着笔在匾前来回走着，一边走，一边端详，一会儿点头，一会儿大笑；忽然，他停下身子，凝神屏气，开始动笔了。只见他落笔如高山坠石，起笔如飞燕掠食，有快、有慢、又稳，又准，笔随身行，不

俯瞰山海关把总署

一会儿，"天下第一关"五个大字写好了。你再看萧显，浑身是汗，满脸通红。兵部主事忙拱手道谢。萧显说："本来想用一个月的时间阅读古诗，陶冶情性，可惜呀，时间太急了。"兵部主事连忙说："这已经很好了，已经很好了。"

第二天上午，兵部主事一面命人把大匾挂在箭楼上，一面在箭楼下的悦心斋酒楼宴请萧显。酒过三巡，宾主凭栏仰望，萧显这才发现"下"字少了一点。此时，把总禀报蓟辽总督已过石河，回府取笔登楼补写已来不及了，该怎么办呢？萧显急中生智，命书童马上研墨，随手抓过堂倌手中的一块擦桌布，握成一团，饱蘸墨汁，

山海关把总署

河北秦皇岛山海关老龙头守备署

河北秦皇岛山海关

用尽平生之力，朝箭楼上的匾额甩去。只听"叭"的一声，墨布正好落在了"下"字右下角，补上了那一"点"。众人齐声贺彩，同声赞道："萧公神来之笔，神来之笔！"

萧显书写的这块匾，现收藏在山海关城楼内。城楼上悬挂的是后来的仿制品。

2. 承载关城历史的古街

四条古街为城内主要干道，南北方向长，东西方向短，鸟瞰呈矩形，至今，四条古街仍保持明清时期的方格网状街巷布局。

作为重要的通商关口，东西南北大街

四合院民居使得古城更加典雅古朴

曾是沟通东西、盛极一时的商业汇集地，据史料记载，清代盛世时王朝税收的四分之一来自山海关。跟东、西、南大街的繁华热闹相比，北街相对萧条些。

历史上，四条古街上曾有过很多老字号，这些老字号大多秉承"诚信经营、货真价实、和气生财"的经商之道，为繁荣古城经济作出了贡献。

南大街过去以钱、粮、当号为主，还有金店、绸布庄。比如，过去有一个最大的商号永茂居杂货店，独揽全城杂货生意，是晚清民国开张、三家合股经营的，一个是老郑家，就是六条的郑大林、郑大和，这些人的后人都还在，还有老王家、

山海关雪景

老谷家。

过去杂货分为上杂货与下杂货，永茂居经营的属于上杂货，包括棉布、百货、绸缎、干鲜果品、海鲜等；下杂货包括农村用的绳子、套包、筛子、筐、扁担等。

另外就是金店，比如一进南门有一个华茂昌，现在城外的久华金店就是取了它的一个字。华茂昌金店是老白家开的，它的结构是前店后作，前边开店后面是作坊。过去订做金银首饰由匠人制作，不像现在都是自动化，过去吹活儿的都是嘴吹。金店的土一年换一次，过去有人专门买这种土，它能淘出金末来，就是金砂。华茂昌的首饰在民国时的河

雪后肃穆宁静的古城街道

走在街道上，古韵扑面而来

北一带是免检的，成色都是四个九的，老字号，有信誉，里面要打上它的印章，如同现在的商标。华茂昌出售金条、小元宝、戒指、麒麟锁等金银制品，还可以订做金银碗筷等器物。

而在南大街那座前身为绸布庄的西式建筑前，"本店自运苏杭绸缎"等几行招牌文字依旧清晰，廊檐上绿白相间的雕花装饰和底部铜钱造型，彰显中西合璧工艺之妙，岁月更迭，依然保存较为完好。

举目北望，新近修建的钟鼓楼就在眼前，它造型古朴，巍峨高耸，"吉星高照"四个大字极富古韵。在古代，这里不但是

山海关碑刻

古城的防御体系之一，也是古城百姓祈祷吉祥的场所。

　　古城山海关的魅力之一就是至今关城内还保存着一百多处明清时代的四合院，虽然大门外的"下马石""石鼓"已风化残损，老榆木大门上的漆已经快脱落没了，甚至房顶上也长出了蒿草，但这些丝毫没有减弱山海关几百年积淀下来的韵味。这些古色古香的四合院多集中在东三条至东六条一带，布局特点是围绕院子四边布置堂屋、住房、厨房等，门窗皆朝向院子，对外不开窗，正房坐北朝南，其他为厢房，并设有耳房、月亮门、门洞子、垂花门等。

山海关牌坊

外形嶙峋的石头

一道道光影交错仿佛把人带回了古城遥远的过去

古城布满了战争的创伤，如明代晚期的明吴三桂部队、李自成农民军、清多尔衮部队几股军事势力在此聚集，数次交锋，1900年八国联军入侵，两次直奉军阀混战等等，战火纷飞，生灵涂炭，四条古街的建筑也屡遭劫难。然而令人感到欣慰的是，山海关古城保护开发工程将四条古街的重修提到了议事日程，钟鼓楼、望洋楼、迎恩楼等相继修复，古城再闻晨钟暮鼓，明清古风日渐重现。

3. 古街名人

在关城西大街北侧，有一座尖顶拱门、气派十足的西式小楼，在古城保护开发的规划中，它将作为主体兴建成"东北军俱乐部"旅游项目。

很多老山海关人都知道，事实上，这座洋楼最早叫做"田中玉公馆"，它的主人就是北洋政府时代大名鼎鼎的山东督军兼省长田中玉。这位从山海关小高建庄走出去的军阀在山东做官时，因"重聚敛、首鼠两端"，终被卷入政治旋涡被迫引咎辞职。然而，田中玉在家乡投资办教育的义举，至今让家乡人感恩戴德。

年少时求学的艰辛和读书的重要，给田氏一家人的思想打上了深深的烙印。遵从祖母和母亲的意愿，从1919年开始，

田中玉出巨资筹建河北省田氏私立中学校。1921年秋天，田氏中学正式开学。学校就坐落在"天下第一关"西北脚下，校名是黎元洪亲笔手书，校园东北两方以关城城墙为界，占地面积足有四万余平方米。学校重金邀请京津等地名师任教，理化实验室、图书馆、阶梯教室等各种教学设施一应俱全，这在当时的冀东地区是首屈一指的。田氏中学面向庶民大众招生，一律是免费就读。许多老校友回忆，那时每学期开学，学生只需交纳两块大洋的预偿费，到期末，只要没损坏过公物，就可以到校务处领回两块大洋，高高兴兴地度过假期。继创办田氏中学后，田中玉又陆

正在修葺的山海关古城

山海关建筑

续捐资建立田氏中学预备班、田氏私立中学初级女子中学部和田氏私立初级小学八所，极大地推进了山海关近代教育事业的起步和发展。

1935年，66岁的田中玉带着晚年仕途一蹶不振的抑郁，病逝于大连，他的仕宦生涯虽然毁誉参半，但留给家乡的宝贵教育遗产却光耀子孙，恩泽百世。

在民间，四条古街上的名人轶事不胜枚举。之前我们提到萧显写匾的故事。萧显是明山海卫人，成化八年（1472年）中进士，做过京官，退休后经常到东街茶馆喝茶，传说在那里写下"天下第一关"的匾。可为什么这块匾上没有落款呢，是因为萧显写好这块匾后，一把无名大火将匾烧毁。烧后怎样复制呢？话说东街一家饭馆里有一个不识字的刷锅人，传说他刷锅时经常远远看着这块匾，就这样边刷边看过了二十年，那块匾的字迹早已烂熟于心。匾烧毁后县衙开始悬赏写匾，好多文人、进士报名，可都无法复制，这时候刷锅人来报名了，县太爷一听说他不识字，当即大怒，但经堂上人劝阻后，决定让他试后再定罪不迟。刷锅人拿出炊具刷子，瞬间竟写出了"天下第一关"几个大字，简直与萧显的原字不差分毫。待他将原委道来，众人赞叹不已，这样这块匾就"复活"了，如此复制成的匾

山海关靖边楼

自然便没有落款了。究竟这块"天下第一关"的匾出自谁手？有关专家对此还有些争议，不过，这样并不影响它的完美与举世无双。

还有坐落在南大街的绸布庄的传说。它是老王家的买卖，是王三佛开的。王三佛是山东人，腊月里带着老婆孩子，推着小车大半夜逃荒到关里，往哪儿住呢？去旅店没有钱，蹲街上得冻死人。怎么办？天下穷人心连心，以前三条小菜园子有一座小房子空了很多年没人住，大家就帮忙收拾了，说："不嫌弃就住下吧，弄点剩饭菜、架一口锅凑合口吃的。"话说两口子晚上做了一个梦，梦到三个金人对他们

山海关城墙

山海关老龙头

仰望山海关城楼，感慨万千

说："主人你终于来了，这点柴火替你看了多少年了，这回可是完璧归赵了。"两口子一觉醒来，互诉所梦竟然是一样的情景，甚觉蹊跷，于是找来两把小镐在小房子里挖掘，一下子竟挖出三缸金子。自那以后他们就发财了，用这些金元宝买来材料盖了一所厅堂瓦舍的院落，就是现在的"王家大院"（现在是一座民俗博物馆），到晚清民国年间又盖了一座店铺——绸布庄，取字号"万货全"，后更名为百货公司。这个王三佛心肠好，发财后修桥、补路、修庙，乐善好施，大伙儿称之"王三佛爷"。后来他花钱捐了一个官，是盐运使的肥缺。

舞龙给节日增添了不少喜庆

4. 关内民风民俗

(1) 民间花会

这种活动一般在过年的时候和庙会期间举行，内容包括舞狮子、扭秧歌、跑驴、挂花灯、霸王鞭、走旱船、放焰火等节目，充满着浓郁的喜庆气氛。每到这个时候，男女老少都会聚到大街上观看并参与各种庆祝活动，欢声笑语不绝于耳。据说，河北地区的民间花会活动至少已经有上千年的历史。

(2) 万全社火

每年的春节和元宵节，河北万全县会举行大型的民间艺术活动，这种活动被称为万全社火。其内容包括走场子、定桩子、跑八字、九龙混水、跑海鱼儿、打鼓子、打拳等活动，这些表演一般在街头进行，群众则在旁边围观，十分热闹。游客来此不但可以欣赏到精彩的节目，也可以体验到淳朴的民风。

独具地方特色的万全社火

山海关老龙头夜景

古城夜景

（3）山海关年俗

一年之计在于春，古时山海关人对于"春"有着自己独特的庆迎方式。

先是"演春"。立春前一天，地方官绅在东罗城组织游春队伍，抬来一头泥塑的春牛，几乎所有能闹腾起来的节目都悉数登场：跑驴、秧歌、耍龙灯、跑旱船

接着是"迎春"。立春这天一大早，县官率吏民出东门（即天下第一关），将游春的队伍迎进城，鼓乐交作，送泥塑的春牛至县衙门口。城中老少都出门观看，家有婴儿的家长，就缝个小布袋盛豆子，挂在春牛角上，希望可以避免小孩生天花。

人们敲起喜庆的锣鼓欢度节日

　　然后是"打春"。第二天清晨，县衙的"三班六役"在锣鼓声中鞭打春牛，直到打得粉碎为止，百姓纷纷争抢泥皮，煞是热闹。

　　最后是"送春"。捡到的泥皮有的送给种地的农民，洒到地里，祝愿他们获得丰收；有的把泥皮拿回家里，用水稀释，抹在墙上，据说可以不生臭虫；也有人另塑小芒神、小土牛，分别送给官绅。

古城人对于春节最为重视，虽然只有一天，但人们习惯上把这一节日拉长为十多天。民谚云：大年二十一，送闺女；大年二十二，送宝贝；大年二十三，祭灶君；大年二十四，写大字；大年二十五，扫房土；大年二十六，砍年肉；大年二十七，杀年鸡；大年二十八，贴春花；大年二十九，糊香斗；年三十，耗油儿；正月初一，磕头"拜年"。正月初五称"破五"，惯例包饺子，含义为"捏合"。

老山海关人过年有一"专项"，每年

古城内，人们享受着平静的生活

选购年货的人们

从腊八起，古城西街就搭起了"画棚"，卖年货年画的、卖小吃的、拉洋片的、演木偶戏的，有声有色，红红火火。风筝、泥人、糖人、花脸、刀枪剑戟，让人看花了眼。

除夕夜是过年的高潮，全家人围坐在一起吃年夜饭，守岁。大户人家有从饭馆叫一桌菜的，普通人家包些白菜肉馅的饺子就高高兴兴地过年了。俗语说：一夜连双岁，五更分二年。五更时，男女老少换上新衣，出门放鞭炮，称"接财神"，进家后，晚辈给长辈拜年，大人给小孩"压岁钱"。

写满了吉祥祝福的春联

关内特色

大年初一开始拜年。早年山海关卖点心最出名的是城内鼓楼南大街的同德盛和域德源，聚会站、聚会馆等杂货铺也卖点心。当时，拜年提上一袋或是一匣子同德盛的"大八件"和"小八件"，再拎上一个水果蒲包，是最讲究的了。条件好点的人家会留拜年的客人吃饭，买来吴瘸子酱肉铺的"骑马肠"、广香斋的肘花、孟和尚的熏鸡，再切点松花蛋，拌点海蜇，这一餐一定是宾主尽欢。

古城山海关的妇女们还有初二开始赛太平鼓的习俗，几个人找个宽敞的地方，敲着鼓，踩着点儿，欢快的游戏最应年景。

过大年，扭秧歌

正月初八、十八、二十八，等到夜里星星出全的时候，关城人成群结队上鼓楼走一圈，叫做"顺星"，据说在这严冬的星夜下走一走，能保佑一年都顺顺利利的。

正月十五上元节，街市上做买卖的店家纷纷挂出彩灯，一家比一家赛着精致。踩高跷的、扭秧歌的、耍龙灯的，大街上随处可见，生意兴旺的店铺还燃放烟花来助兴。全城举家出动游玩儿，边走边摸摸身边的树木石头，希望它们将疾病带走，俗称"走百病"。正月十七是灯节的最后一天，家家吃面，妇女们结伴过桥，叫"度百厄"。

正月十五闹花灯

关内特色

山海关古城迎来了节日

节日里，平日肃静的古城热闹了起来

舞狮是山海关年俗之一

"填仓，填仓，京米干饭熬鱼汤"。唱着这个歌谣，就到了正月二十五填仓节，人们将黄米饭或黏饽饽粘贴在缸瓮囤柜上，象征贮满粮食，预祝丰收。

今日的山海关百姓仍然保留着不少传统的年俗，在古老的城墙下扭着红火的秧歌；住户的门楣门板上贴着对联和年画；除夕夜一家欢聚包饺子……当然贺岁的形式也有了一些新变化，过去大多数人家都是在家吃团圆饭，现在好多人家都去了饭店；文化部门这些年正月都少不了精心组织文化下乡的活动，太平鼓、京剧、评剧等娱乐节目将年味渲染

红艳艳的大樱桃

得更浓郁。

（4）山海关"樱桃节"

山海关区北依燕山，南临渤海，土壤微酸，夏无酷暑，冬无严寒，极适合大樱桃生长发育。近年来山海关区根据当地独特的地理位置、土壤结构及气候条件，大力推广大樱桃种植技术，把大樱桃作为发展高效农业的突破口，采取政策引导、强化服务、典型带动、基地示范、开拓市场和打造品牌等措施，大樱桃迅速在山海关区形成了规模种植，成为山海关区农业的支柱产业和特色产业。目前，山海关区大樱桃种植面积已达到二万二千亩，结果面积九千多亩，年产量八千多吨。

勤劳好客的山海关人把长城脚下漫山遍野的大樱桃树作为生态旅游、生态富民工程的主体，陆续开发建设了大樱桃百亩观光园、万亩大樱桃示范基地、大樱桃专业批发市场及望峪山庄等项目。现已先后连续成功举办了两届大樱桃节暨乡村旅游节，极具地方特色的"走进樱桃园，享受大自然"和"吃农家宴、住农家院、看农家戏、体农家情"活动。在这里游客还可以亲身体验点篝火、跳舞、扭秧歌等一系列极具特色的农家民俗生活。

四 关内主要景点

山海关角山长城

山海关是国内外著名的旅游区，山海关长城汇聚了中国古长城之精华。明万里长城的东部起点老龙头，长城与大海交汇，碧海金沙，天开海岳，气势磅礴，驰名中外的"天下第一关"雄关高耸，素有"京师屏翰、辽左咽喉"之称；角山长城蜿蜒，烽台险峻，风景如画，这里"榆关八景"中的"山寺雨晴，瑞莲捧日"及奇妙的"栖贤佛光"，吸引了众多的游客。区内有开发和观赏价值的名胜古迹达九十多处。2000年，山海关景区被评为第一批4A级旅游景区；2001年，国务院将秦皇岛市山海关区正式列为国家历史文化名城山海关旅游景区，以长城为主线，形成了"老龙头""孟姜女庙""角山""天下第一关""长寿山""燕塞湖"六大风景区，全部对中外游客开放，是国内外著名的旅游区。孟姜女庙，演绎着中国民间传说——孟姜女寻夫的动人故事。中国北方最大的天然花岗岩石洞——悬阳洞，奇窟异石，泉水潺潺，宛如世外桃源。塞外明珠燕塞湖，美不胜收。

走下"天下第一关"城楼，可到长城博物馆参观，那里将向您展示万里长城的悠久历史以及令人惊叹的实物展品。在古城内，品尝地方风味小吃，会使人游兴大

长寿山是山海关六大景区之一

山海关老龙头

增，并领略到山海关的风土人情。首先来说说最有名的"老龙头"。

（一）老龙头

老龙头景区位于山海关城南五公里处的渤海之滨，由宁海城、人海石城、澄海楼、南海口关、龙武营、海神庙等组成。万里长城像一条巨龙，横亘在华夏大地上，东端在山海关城南四公里处直插入海，犹如龙头高昂，老龙头长城是明代万里长城唯一的一段海中长城。它建于明万历年间，由戚继光修筑。它选址科学、建筑独特，被称为"人类历史上的千古奇观"。历经数百年的沧桑岁月，这座昔日海陆军事要塞，以其壮丽的风光、独特的历史地位，

山海关老龙头屹立于渤海之滨

老龙头长城城墙

吸引了历代文人墨客和帝王将相来此观海览胜，留下了众多诗篇佳话，成为举世闻名的风景胜地。

老龙头是明长城的东起点，之所以把这里称为"老龙头"，是因为人们把万里长城比作一条巨龙，这条龙走过大漠，攀贺兰、越太行，自燕山而下，向渤海飞驰，在辽西走廊上挽了个结，竖起了山海雄关，随之引颈入海，这入海的部分便是老龙头了。老龙头是万里长城的重要组成部分，它与城北的角山长城，城东的威远城构成掎角之势，拱卫着山海关城。从明初洪武年间到明末崇祯年间的二百六十余年中，老龙头不断修建，逐步完善。直至清代长

长城与大海交汇，碧海金沙

烽台险峻，风景如画

城内外成为一统，老龙头从此失去了军事防御的作用，成为帝王将相、文人墨客观光览胜的佳境。自清朝开国后，康熙、雍正、乾隆、嘉庆、道光都多次到过老龙头，其中乾隆皇帝四次来此登楼观海，留下了大量诗文墨宝。老龙头上的"天开海岳"碑，据传为唐代遗碑，这四个字道出了"放眼天际，苍茫一碧，天造地设"的绝妙景观之神韵。老龙头是"中国旅游胜地40佳"之一，国家4A级景区。登上老龙头，面对波涛汹涌、云水苍茫的大海，您可以尽览"长城万里跨龙头，纵目凭高更上楼，大风吹日云奔合，巨浪排空雪怒浮"的壮观美景，产生无穷的遐想。

而关于老龙头，还有一个历史悠久的传说。

长江有源头，黄河有起点，明代万里长城的头，就在山海关的南海上，名叫"老龙头"。相传，过去在老龙头脚下，扣着无数的大铁锅，一个挨着一个。

老龙头是蓟镇总兵戚继光奉旨修筑的。它人海七丈，造起来实在太难了。一万五千军工，单等海水落潮，才能抢上去修一回。可是大海无情，三天一涨潮，五天一落潮，城墙修不上尺把高，潮水一冲，砖头石块，七零八落，修一次，垮一回，不知修了多少天，只弄得无数生命葬身海底，戚大人也一筹莫展了。

气势雄伟的老龙头

明王朝，忠良少，奸臣多，万历皇上是个十足的昏君，奸党议论胡说戚继光修三十二关，设三千敌台，铸五千斤一尊的铁炮，是劳民伤财。皇上听信奸党谗言，派太监做钦差到蓟镇监军。这位太监公公来到蓟州，才知道戚继光在山海关南海上正修"老龙头"，立刻马不停蹄，直奔山海关。

全城的乡绅耆老拜见钦差大人说："敌兵常从海上越境，老龙头千万不能半途而废。"钦差大人说："圣旨期限三天，金口玉言，谁也改不了。"

戚继光怒气难消，知道限期三天是假，想借口定罪是真。个人如何都无所谓，可

海神庙

这一千三百座敌台，就差老龙头一桩心事未了。想想国家安危，百姓的生命财产……戚大人心中闷闷不乐。忽然门帘一挑，一个老汉进了屋。这打鱼老汉是跟随戚大人的一名火头军。只见老汉把秫米饭、咸带鱼摆上八仙桌，说了声："大人不必烦恼，待用完饭后，我再回禀，或许对修老龙头有用处。"

第二天，传令全军，在退了潮的大海滩上搭锅造饭。只见十里海滩，炊烟四起，火光一片。一顿饭工夫，忽然丈高巨浪，铺天覆地涌上岸来，众军士一看，丢锅弃碗，逃得无影无踪。

过了三天三夜，大潮过去了，海上恢复了平静。戚大人察看城基，竟依然立在原地，心中甚觉奇怪。这时，老汉走过来，指着周围沙滩上一个挨一个的圆东西，让戚大人看，原来是铁锅扣在沙滩上。老汉说："这锅扣在沙滩上，任凭风吹浪打，不移不动！"

老龙头工程按期完成，但戚继光仍被朝廷明升暗降，被调往广东去了。

（二）孟姜女庙

孟姜女庙，又名贞女祠。孟姜女庙远离茫茫大海，遥对崇山峻岭，四周空旷，使这仅海拔数十米的庙堂显得突起高耸。

孟姜女庙

孟姜女演绎着中国民间传说——
千里寻夫的动人故事

孟姜女庙是我国四大民间传说之一的"孟姜女哭长城"的产物。庙内除供有孟姜女塑像外，还供有观音、文殊、普贤三大菩萨像。

庙正殿后有一巨石突起，石上有几个似脚印模样的石窝窝，传说是孟姜女寻夫至此，登上此石望夫留迹，石上刻有"望夫石"三字。石旁刻有乾隆皇帝的御笔题诗一首。此外，还有振衣亭、梳妆台等。

庙内有一些古人留下的歌颂孟姜女的笔迹，其中乾隆、嘉庆、道光等御笔，刻石镶于墙上。

孟姜女庙景区坐落于山海关以东

6.5公里的凤凰山上，由贞女祠和孟姜女苑组成。贞女祠始建于宋代以前，明万历二十二年（1594年）主事张栋重修，为河北省重点文物保护单位。庙前有一百零八级台阶直通山门，庙上红色围墙内有前后两殿及钟楼、振衣亭、望夫石等景观。庙后建有江南水乡风格的园林观赏区——孟姜女苑。誉为"天下第一奇联"的"海水朝朝朝朝朝朝朝落，浮云长长长长长长长消"，表面看虽是文字游戏，却包含着人生哲理，让后人产生无限遐想，从中可见中国文化的深厚底蕴和内涵。

站在孟姜女庙的山峰上，遥望东南海

山海关风景秀丽迷人

山海关是中国万里长城的形象代表之一

山海关

面，有两块礁石并立，传说是孟姜女坟。

由于"孟姜女哭长城"的故事流传广泛，深入人心，其遭遇令人同情，所以孟姜女庙便成为到秦皇岛来的游客必然光顾之处。真是"秦皇安在哉，万里长城筑怨；姜女未亡也，千秋片石铭贞"。

（三）长城博物馆

山海关长城博物馆，位于山海关城内，天下第一关脚下，为一处精致的仿古建筑群。全馆分设序厅、长城历史厅、长城军事厅、长城文化厅、山海关长城厅等六个展厅。山海关长城博物馆自1991年7月正式对外开放，是我国三大长城博物馆之一。如果说长城是一部融中国古代政治、军事、经济、文化、建筑于一体的百科全书，那么山海关长城博物馆正是荟萃"上下五千年，纵横十万里"长城精华的一颗明珠、一部画卷。

（四）森林公园

森林公园坐落在距山海关城北五公里的燕山脚下，是在原国家森林公园的基础上，由秦皇岛旅游开发有限公司进行开发建设，2005年被评为全国十一个旅游开发建设的先进景区。公园占地面积48.8平方公里，总投资5.6亿元。公园分为五大景区：五佛文化区、长寿山景区、奇岩峡景区、角山景区、世外桃源景区。

俯瞰森林公园

（五）堰塞湖

堰塞湖是因"塞"得名的高峡平湖，山中有水，水中出山。其湖面狭长，峰回路转，长达十五公里的水面如玉带飘落在峰峦叠翠之中。两岸青山叠翠，悬崖峭壁千姿百态，因而有"北方小三峡""北国小桂林"之美誉。主要景观有洞山剑峰、山中月境、龟石千秋、母女峰、神仙指路、神女浴日、杏林春晓、金蟾戏水等。堰塞湖风景区由堰塞湖、鸟语林、松鼠园等景观组成，建有高级跨湖观光索道。

（六）乐岛海洋公园

国家 4A 级旅游景区，位于河北省秦皇岛市山海关老龙头以西二公里处，距

山海关堰塞湖

乐岛海洋公园

秦皇岛市区十五公里。这是国内唯一融
互动游乐、运动休闲、动物展演、科普
展示、度假娱乐为一体的环保生态型海
洋主题公园。乐岛海洋公园借助海洋动
物展演、海岸风情、海上运动项目等多
样化的海洋元素，全方位展示了海洋独
有的文化特色。在这里，游客不仅可以
观赏到海豚、海狮等海洋动物的精彩表
演，还可以观赏动感时尚的异域风情表
演和充满少数民族艺术气息的边疆歌舞。
乐岛丰富多彩的游乐项目，定会满足不
同年龄层游客的兴趣和爱好，让游人在

观赏海洋动物的同时切身体会参与所带来的快乐。

（七）望峪山庄

望峪山庄位于燕山脚下，最高峰海拔412.5米。云遮雾障，林木葱茏。可登九纹山观光，到南天门探险，弥勒镇山，金龟入水，尽收眼帘。相传观看触摸稀世金蟾，将给人带来福气、运气、才气。游园有猕猴乐园、板栗种植园、大樱桃采摘园、苹果采摘园。乘环保船游弋，上游与堰塞湖相连。漫步连心桥，观小桥流水，牵手亭小憩，尽享大自然。

望峪山庄

王家大院

（八）王家大院

王家大院号称万里长城第一家，王家兴起于咸丰年间，曾富甲一方，号称山海关"南半城"。置身其中，仿佛时光倒流几百年……回到了明清时期的民间生活，大到床铺家具，小到针头线脑，从金银首饰到衣裳布匹、烛台灯火、床橱柜桌、枕箱被帐、冠巾鞋袜、铜盆器皿、瓷漆杯盘、梳洗用具、珠宝珍玩、文房四宝……只有身临其境才能亲身体验中国民间文化的博大精深、源远流长。

五 关内传说

（一）"天下第一关"的传说

　　"天下第一关"是万里长城东部起点的第一座关隘，建于 1381 年，这里依山傍海，雄关锁隘，易守难攻。第一关景区位于山海关古城东部，以威武雄壮的"天下第一关"城楼为主体，辅以靖边楼、临闾楼、牧营楼、威远堂、瓮城、东罗城、瑞莲阁公园、长城博物馆等历史文化景观。天下第一关是山海关古城的东城门，又名"镇东楼"，箭楼格式，城高台宽，与靖边楼、临闾楼、牧营楼、威远堂在长城之上一字摆开，形成五虎镇东之势，充分展现了山海关这座古代军事要塞"一夫当关，万夫莫开"的雄伟气势。

长城山海关天下第一关

长城历经风雨洗礼，屹立不倒

据说在六百年前，山海关还没有设关建城，这里只有个土名叫"迁民镇"。朱元璋做了大明朝皇帝，就下了一道圣旨，派中山王老元帅徐达和军师刘伯温到迁民镇围城设防，并限期两年之内必须完成。

他二人领了旨，带着人马，即日起程，很快到了迁民镇。第二天，两人骑马登高嘹望，寻找筑城的地方。要说筑城，徐达是外行，他只会交兵征战，冲锋陷阵；围城设防，却不如刘伯温。刘伯温上知天文，下知地理，学问渊博。徐达站在高处一看，就连说："好地方，好战场！"刘伯温却一声不吭。第三天，他二人骑马又来到这

山海关雪景

里。徐达又连声说："好地方，难得的好地方啊！"刘伯温还是一声不吭。第四天，他二人骑马又来到这里。徐达又连连说："好战场啊，好战场！"刘伯温还是不吭声。徐达见刘伯温心事重重，忙问："军师，我们领旨来这里围城设防，一连三日，你一言不发，为了什么？""为了大明江山。"徐达听刘伯温说是为了大明江山，非常佩服，说："是呀，军师为了大明江山，南征北战，立下汗马功劳。如今，还这样操劳，实在令人佩服。"刘伯温说："咱生死兄弟，用不着佩服。"徐达说："你这一连三日，一言不发，就说明为了大明江山，又出谋划策呢！""是呀，当然要为

老龙头

徐达石像

山海关长寿山

大明江山用心；不过，今天我还为了你……""为我？""是的，为你！""为我什么？"刘伯温用马鞭指了指说："元帅，你看北面是燕山连绵，南面是渤海漫天，咱在这里筑起雄关，可真是一夫当关，万夫莫开呀！"徐达拍手称好。刘伯温接着说："我三天来，想了又想，筑一座什么样的城，才配得上这么好的地方。要南入海，北连山；要城连城，城套城；要楼望楼，楼对楼。要筑起一座铁壁金城。"徐达听了，连连叫好。刘伯温又用马鞭四周一指，说："元帅！这是个好战场，城筑好了又是个安全的地方。"徐达点头说："是的。"刘伯温又说："这里土地肥沃，气候温和，也是个安家定居的好地方！"徐达满心想围城设防，耿耿忠心，还很少想自己安家定居的私事，就忘了军师刚才说的"还为了你……"的话。刘伯温见徐达这样忠心为国，非常赞赏，就不再深谈。二人回营，连夜画图，第二天就送往京城。朝廷准奏，立刻动工。整整干了一年零八个月，就竣工了。

徐达、刘伯温回京交旨。

这天早朝，朱元璋一看见徐达、刘伯温回来了，就问："二位爱卿回京，城池可筑定了？"二人出班奏道："托圣上洪福，提前竣工回来了。""好！我大明筑起这样一座重要城池，可曾命名？"他二人一听，

长寿山

长城山海关"天下第一关"

山海关素有"京师屏翰、辽左咽喉"之称

都愣住了。当时降旨，只叫筑城，没叫命名。再说也不敢随便命名呀！徐达心直，刚要张嘴说："还没……"刘伯温急忙冲他一努嘴，说："臣等没敢妄动。那座城，南有水，北有山，中间有座新城关，真可谓山海关，我主圣明，请恩示吧！"朱元璋一听，心里高兴，还是刘伯温会说话，把手一摆道："好！就叫山海关吧！"

从朝里回来，刘伯温没有回府，就直接来到了徐达的府上。家人捧上香茶，刘伯温就说话了："元帅，你可知道万岁为什么派咱俩去筑山海关吗？"徐达说："那还用问，皇上看你能算，看我能干呗！"刘伯温摇了摇头，笑着说："也许是这样，不过，我不能再在朝为官，我得走了！"

山海关

徐达忙问："你走？干什么去？"刘伯温说："我原本是山野道人，四海为家，我还是云游四海去。"徐达说："唉！你我随皇上南征北战，东讨西伐，刚坐了江山，该享荣华富贵了，你走？怎么能行？皇上知道了也不会答应。"刘伯温说："差矣！一、我说走万岁会准的，因为仗打完了；二、何况我不准备明着走，是偷着走；三、也是主要的，皇上如果想同咱们共享荣华，就不会派咱俩去山海关筑城，派咱俩筑城，也不会只给两年期限。"徐达不明白："军师！你这是什么意思？"刘伯温沉重地说："还不明白？要咱两年修筑一座重要城池，按常理比登天还难；如不按期竣工，你我身家性命难保；城池筑完了，咱若私自命

山海关古城

名，是目无皇上，有欺君之罪；筑完了不起名，也属办事不周，也会丢官罢职。这些我早有准备。徐元帅，这是刚刚开始呀，所以我得走了。俗话说：'兔死狗烹，鸟尽弓藏！'"这一席话说得徐达目瞪口呆，好半天才说："军师兄长，你撤身一走了之，我可怎么办呢？"刘伯温说："你不能走。大明江山刚定，你得随朝伴驾。不过，你要记住两件事。""哪两件？""第一，不论什么时候，你只要在朝，就不要离开万岁的左右，赶你，你也不要离开，就说护驾；这第二，你身边的几位公子，不能都住在京城，这里是花花世界，是非之地，不好管教，最好放在别处一支，以

防不测。"徐达听到这儿，有些明白了，说："我明天就打发一个孩子走。你说，让孩子到哪里去好呢？"刘伯温说："山海关好。那里气候好，物产丰富，这还次要；那里城高池深，不易受刀兵之苦，即使有烽火，进可以有平川，退可以有高山，是个锻炼人才的好地方！"徐达说："就照军师的话去做，明天就叫三儿子去山海关。"

正当徐达说叫三儿子去山海关的时候，胡大海闯进来说："好啊！你明天就叫三儿子去山海关，干啥去？不说，我也听明白了。明早朝，我就告诉皇上。"刘伯温、徐达一见胡大海闯了进来，这个愣

山海关角山长城上游人如织

关内传说
097

石狮

山海关迎接八方来客

头青，什么话都说，再说，也不该瞒着他，就跟他学说了一遍，胡大海一听，乐了："你说的有理，咱在战场上要死死在一起；如今咱求活，也要在一起活，我也打发一个儿子去山海关。"话没落音，常遇春也来了，说："三位兄长，这样的好事别忘了小弟！"刘伯温素知这三位是生死之交，又照直学说一遍，常遇春也照直打发一个儿子去山海关。

不久，刘伯温就不辞而别了，皇上还惋惜地抹了一把泪，可是，却没派人去找。徐达哥仁一见，皇上果真如此，就派三个孩子去山海关安家了。

事过不久，朱元璋在庆功楼设宴。他明是为功臣庆功，暗里是怕功臣们不服他管，跟他争江山，早准备了大火，要一把火把功臣都烧死。在庆功会上，徐达按照刘伯温的话，寸步不离皇上。朱元璋说下楼有事，徐达借口保驾，也跟下楼来。楼下大火烧起来，徐达才保住了性命。胡大海、常遇春等开国元勋，都糊糊涂涂死在庆功楼火海之中。

徐达、胡大海、常遇春的三个儿子，到了山海关，定居安家，徐达不断来看望他们，嘱咐他们好好攻读诗书，认真练习武艺，也好为国出力。后来，这三家的后代就一直住在山海关，在山海关城里修了徐达庙，在城东北修了胡家坟，在城西南

角山长城

长寿山巨石

修了常家坟，都是石人石马石牌坊。人们议论起来，都说刘伯温有眼力，有本领，修了北京城又修了山海关城，还保住了徐、胡、常三家后代子孙。

（二）孟姜女及姜女坟的传说

山海关城东南十公里的近海里，有两座礁。远看，高的似碑，矮的似坟，人们传说是姜女坟。坟高三丈六尺，跟城墙一般高，坟头有玉石顶，水涨坟也涨，水落坟也落，多大的潮，也淹没不了它。姜女坟海岸上有个村庄，叫贺家庄，屯里的孩子们有首歌谣：拍，拍，拍大虫，七月傻，八月红，九月割高粱。因为每年七、八、九月，在海边总有一种红翅膀的蚂蚱，憨头憨脑地在这里飞来飞去，人们拍着手叫它，它就往你手里飞，因此，叫它"傻大虫"。孩子们也以此为乐。贺家庄的人们说："粉红翅膀的傻大虫，是当年孟姜女跳海时，被秦始皇撕掉的粉红罗裙变的。"

传说很久以前江苏松江府有个孟家庄，孟家庄有一老汉擅长种葫芦。这一年他种的葫芦长得非常繁盛，其中一棵竟伸到了邻居姜家院里。孟、姜两家非常交好，于是便相约秋后结了葫芦一家一半。到了秋天，果然结了一个大葫芦，孟、姜两家非常高兴，把葫芦摘下来准备分享。忽听

孟姜女像

葫芦里传出一阵阵小孩的哭声，孟老汉非常奇怪，便用刀把葫芦切开一看，呀！有个小女孩端坐在葫芦中，红红的睑蛋，圆嘟嘟的小嘴，很是惹人喜爱。姜家老婆婆一看，喜欢得不得了，一把抱起来说："这孩子就给我吧！"可是孟老汉也无儿无女，非要不可，两家争执起来，一时间争得不可开交。到后来，只好请村里的长者来断。长者说："你们两家已约定葫芦一家一半，那么这葫芦里的孩子就算你们两家合养吧。"于是小姑娘便成了姜孟两家的掌上明珠，因孟老汉无儿无女，便住在了孟家，取名孟姜女。

斗转星移，日月如梭，孟姜女一天天

地长大了，她心灵手巧，聪明伶俐，美丽异常，织起布来比织女，唱起歌来赛黄莺，孟老汉爱如珍宝。

这一天，孟姜女做完针线，到后花园去散心。园中荷花盛开，池水如碧，忽然一对大蝴蝶落在池边的荷叶上，吸引了她的视线，她便轻手轻脚地走过去，用扇一扑，不想用力过猛，扇子一下掉入水中。孟姜女很是气恼，便挽起衣袖，伸手去捞，忽听背后有动静，急忙回头一看，原来是一个年轻公子站在树下，满面风尘，精神疲惫。孟姜女急忙找来父母。

孟老汉对年轻人私进后花园，非常生

孟姜女庙中的孟姜女像

长寿山

气，问道："你是什么人，怎么敢私进我的后花园？"年轻人忙连连请罪，诉说了原委。

原来这个年轻人名叫范杞良，本姑苏人氏，自幼读书，满腹文章。不想秦始皇修筑长城，到处抓丁，三丁抽一，五丁抽二，黎民百姓怨声载道。范杞良急忙乔装改扮逃了出来。刚才是因饥渴难耐，故到园中歇息，不想惊动了孟姜女，边说边连连告罪。

孟姜女见范杞良知书秉礼，忠厚老实，便芳心暗许。孟老汉对范杞良也很同情，便留他住了下来，孟姜女向爹爹言明心意，孟老汉非常赞成，便急忙来到前厅，对范杞良道："你现在到处流落，也无定处，我想招你为婿，你意下如何啊？"范杞良急忙离座辞道："我乃逃亡之人，只怕日后连累小姐，婚姻之事万不敢想。"无奈孟姜女心意已决，非范杞良不嫁，最后范杞良终于答应。孟老汉乐得嘴都合不上了，急忙和姜家商议挑选吉日，给他们完婚。

偏巧孟家庄有一无赖，平时垂涎姜女美色，多次上门求亲，孟老汉坚辞不允，他便怀恨在心，伺机报复。如今听说了范杞良之事，便偷偷地到官府去告了密，带着官兵来抓人。

这时孟家还蒙在鼓里，正喜气洋洋准备拜堂大典。忽然哗啦啦一声，大门被撞开了，一群官兵冲进来，不由分说，把范杞良绳捆索绑就要带走，孟姜女急忙扑上去，被官兵一把推开，眼睁睁看着自己的夫君被带走了。

自此孟姜女日夜思夫，茶不思，饭不想，忧伤不已。转眼冬天来了，大雪纷纷，姜女想丈夫修长城，天寒地冻，无衣御寒，便日夜赶着缝制棉衣，边做边唱起了自编的小曲："月儿弯弯分外明，孟姜女丈夫筑长城，哪怕万里迢迢路，送御寒衣是侬情。"

山海关古城

孟姜女传说中的望夫石

　　一夜之间，做好棉衣，孟姜女千里迢迢，踏上路程。一路上跋山涉水，风餐露宿，不知饥渴，不知劳累，昼夜不停地往前赶，这一日终于来到了长城脚下。

　　可长城下劳工数以万计，到哪里去找呢？她逢人便打听，好心的人告诉她，范杞良早就劳累致死，被埋在长城里筑墙了。孟姜女一听，心如刀绞，便求好心的劳工引路来到了范杞良被埋葬的长城下。坐在城下，孟姜女悲愤交加，想到自己千里寻夫送寒衣，尽历千难万险，到头来连丈夫的尸骨都找不到，怎不令人痛断柔肠。愈想愈悲，便向着长城昼夜痛哭，不饮不食，如啼血杜鹃，望月子规。这一哭感天动地，白云为之停步，百鸟为之噤声。直哭了七天七夜，忽听轰隆隆一阵山响，一时间地动山摇，飞沙走石，长城崩倒了八百里，露出范杞良的尸骨。

　　长城倾倒八百里，早惊动了官兵，官兵上报秦始皇。秦始皇勃然大怒，下令把孟姜女抓来。等孟姜女被抓，秦始皇一见她貌美非凡，便欲纳她为妃。孟姜女说："要我作你的妃子，得先依我三件事：一要造长桥一座，十里长，十里阔；二要十里方山造坟墩；三要万岁身穿麻衣到坟前祭奠。"秦始皇想了想便答应了。不几日，长桥坟墩已全都造好，秦始皇身穿麻衣，

雄伟蜿蜒的万里长城

排驾起行，过长城上长桥，过了长桥来到坟前祭祀。祭毕，秦始皇便要孟姜女随他回宫。孟姜女冷笑一声道："你昏庸残暴，涂炭天下黎民，如今又害死我夫，我岂能作你的妃子，休妄想！"说完便怀抱丈夫遗骨，跳入了波涛汹涌的大海。一时间，浪潮滚滚，排空击岸，好似在为孟姜女悲叹。

山海关寺庙钟

（三）角山寺的传说

出山海关城北门，走八九里路，过两道亭，来到半山腰的丛林中，有座庙宇，当地人叫它"角山寺"。据说庙中的栖贤殿是明代书法家萧显的书馆，寺的东侧就是万里长城。

这座背靠燕山、面向渤海的庙宇，为什么叫做"角山寺"呢？还得从四百年前

明朝嘉靖年间说起。

　　相传，在山海关北门里的药王庙原是个小庙，没有和尚，也没有道士，只有一家姓詹的看庙。老夫妻俩带着个独生儿子。因家中贫寒，这孩子从小给人家放羊，长到十多岁，也没有人教他习文识字。但是，远亲近邻，人人奇怪这放羊的小孩，竟会背诵四书五经，有人说他是神童下界。

　　其实药王庙里有个私塾，乃是本城绅商筹办，聘了一位关老夫子执教，学生均是富家子弟，庙内终日书声琅琅。有个放羊的孩子经常在窗下偷听，日复一日，《百家姓》《千字文》《千家诗》和"四

山海关夜景

书"五经"竟背得滚瓜烂熟。有一天，他又偷听时，被一个学生看见了，几个富家子弟便一哄而起，欺侮这个放羊的孩子。还是关老夫子出来解了围。"你常在这儿听人念书吗？"老先生问。小孩偷看了老先生一眼，见他一脸和气，便说声："是。"

关老夫子从《论语》《中庸》到《大学》，考了他七七四十九个问题。没想到，一个13岁的放羊孩子，竟能对答如流。这真使老夫子喜出望外，便一口答应免费收下这名学生，并取名詹荣，字角山。

关老夫子是举人，满腹文章，爱才如命，收了詹荣，每日早晚专为詹荣授课，尽心教授，詹荣聪明过人，一点就通，学业进步神速。

有一天，关老夫子对詹老头说："荣儿聪明，文才已就，趁他年幼，老夫想叫他去投靠鼻梁山道人习武深造，以便日后报效国家。""多谢老夫子一片好心，可这鼻梁山，山高路远，小孩子能去吗？"詹老头有些不放心，没等老师答话，詹荣急忙跪在两位老人面前："孩儿谨遵师命，明日就上鼻梁山！""不！今夜就去，不可耽误！"老师说。"是！"詹荣给老师磕了头，辞别了父亲，直奔鼻梁山而去。

詹荣出了北门，来到水墨河。那时候，水墨河一片汪洋，波涛滚滚。詹荣一心上

山海关进士坊

山海关风光

山海关长城

山海关
112

山海关夜景

山，哪管这些，脱下鞋袜，抬腿下水。这时，只见对岸一盏红灯飘飘而来，一会儿，两个人已站在詹荣面前，他们身高五尺开外，一个面似锅底，一个面如白玉。黑睑大汉问："你是詹荣吗？""是。请问二位是？""我俩是奉师父之命前来接你，以后就叫我们师兄吧。来，我来背你过河。"

詹荣心里纳闷：这两个怪人，怎么认出我来，又要背我过河呢？但过河求师心切，哪管那些，便一跃趴在黑大汉的背上。说也奇怪，两个大汉既不下水，又不趟河，一阵嗖嗖之声，就从水面上过去了。三人到了对岸，直奔鼻梁山而去。从此，詹荣夜来晨归，都是两个大汉接送。

远望山海关

据说这两个大汉就是关老爷身边的周仓与关平。

　　三年过去了。少年詹荣在鼻梁山道人的传授下，已经文成武就。后来，果然考中文武进士，最后擢升到兵部侍郎之职。晚年卸任回乡，仍念念不忘恩师，便在鼻梁山造起寺院，重塑关爷及周仓、关平金像，寄托思念之情。因詹荣别号角山，为了纪念詹荣造庙，后人便叫此庙为"角山寺"。

　　几百年来，角山寺远近闻名。此寺有"瑞莲捧日""山寺雨晴"胜景，都列入榆关八景。现今游人只记得角山，反而将鼻梁山的名字忘记了。

（四）山海关石河大战的故事

明崇祯十七年（1644年）春，闯王李自成在西安建立大顺政权后，率军直逼京城。崇祯帝深恐大明江山难保，命山海关总兵吴三桂救驾，并封为平西伯，诏令勤王。吴率军五万进京途中听闻北京被起义军攻占，立即回师山海关。李自成入京后，为防止吴三桂倒向东辽清朝势力，决定纳降吴军。于是给吴氏父子封侯，派降将唐通率八千兵马，携带四万两白银到山海关犒赏。吴三桂为保护在京家小财产平安，当即受降，由唐通接管山海关军务。吴三桂率领部众进京，准备朝见李自成接受新命。当行至滦州，

令古城最为增色的是天下第一关城楼

得知爱妾陈圆圆被李自成的大将刘宗敏霸占，怒不可遏，决定拒降。当即回师山海关，向猝不及防的唐通部发起突然袭击，再一次占领山海关城。

李自成接到吴三桂叛变消息后，亲率大军二十万开赴山海关，试图一举平灭吴军。吴慑于难同大顺军相抗，决意投靠清朝，以免遭覆灭，于是派使者杨坤、郭云龙呈书摄政王多尔衮，欲"满汉合兵以抵都门，再灭流寇于宫廷"。多尔衮无意合兵，却趁机向吴三桂招降，回书许诺吴若归顺大清，必封王晋禄。穷途末路之下的吴三桂果然投降清朝，并决心与李自成大战一场，以提高自己

1985年山海关被列为全国十大风景名胜之首

山海关
116

"万里长城一山海关"被联合国教科文组织列入"世界自然和文化保护遗产"名录

在清朝贵族面前的地位，由此揭开了石河大战的序幕。

李自成于四月十三日离京，行程七天于二十日抵关。接战前考虑吴军可能向东逃跑，派出骑兵两万到一片石关围截，以扫其外援，断其遁路。吴眼见要作困兽之斗，遂向多尔衮告急，请求援军。多尔衮接到告急，"师夜发，逾宁远、沙河，次日距关十里，又日至关"，双方展开外围战。激战之后，清军打败了农民军，占领一片石关。

在正面战场上，李自成大军自北山至南海布阵，对山海关西、北、东实行三面围抄，四月二十一日，战斗首先在石河展开。大战中，吴三桂调动全部精锐，驱众死斗，山海关守军人困马乏，难以支撑。而驻屯在欢喜岭的清军却蓄锐不发，以逸待劳。四月二十二日，据守北翼城的吴军向李自成投降。吴三桂感到危亡在即，携众将到欢喜岭面拜多尔衮，声泪俱下地请

山海关老龙头

山海关

山海关向游客展示了中国古代城防建筑雄姿

求清军进关迎敌。多尔衮见时机成熟，指挥清军从南水门、北水门和关中门破阵冲击，霎时，清军旗鼓大作，各路军马所向披靡，大顺军溃败如山倒，清军乘胜追击，"逐奔二十余里，李军自相践踏，死伤无算，尸横遍野，沟水尽赤"。李自成携残部仓皇逃回京城。

山海关石河大战，以吴清联军大获全胜告终。三日后，吴三桂大开城门，盛迎清军入关，至此，满族贵族为建立清帝国统治奠定了基础。同年九月，清世祖福临由关入京登基。

山海关凭借着古迹荟萃、风光旖旎、气候宜人，成为著名的历史文化古城和旅

渤海湾波涛拍岸，景色美丽

游避暑胜地，关内海潮涌动，此消彼长，浮云过隙，漫卷舒风。山海关的旅游资源价值和山海关长城一线的独特魅力，尤其是"天下第一关"的名号是不可替代的。在这个长城、海、龙脉相连的城域，相信在不久的将来，山海关古城的古老身世和历史风貌将得到进一步的恢复。一个再现历史风貌的"天下第一关——山海关古城"会以更加瑰丽的雄姿屹立在渤海之滨、长城之首。